AF402850

Sven Icy Kuschmitz
mit Musa Dorothea

präsentiert

Elfengedichte

© 2017 Sven Icy Kuschmitz

Unter Mitwirkung von Musa Dorothea
Umschlaggestaltung: Stephanie Männer Illustration,
www.stephaniemaenner.de
Lektorat: Birgit Freudemann, www.schreibwerkstatt-bf.de

Verlag: tredition GmbH, Hamburg
ISBN
Paperback   978-3-7439-2341-6
Hardcover   978-3-7439-2342-3
e-Book   978-3-7439-2343-0

Printed in Germany

Bibliografische Information der Deutschen Nationalbibliothek:
Die Deutsche Nationalbibliothek verzeichnet diese Publikation in der Deutschen Nationalbibliografie.
Detaillierte bibliografische Daten sind im Internet über http://www.denb.d-nb.de abrufbar.

Inhalt

Die Laterne 7
Elfenliebe 8
Wunsch einer Elfenwache 9
Elfe des Glücks 10
Die Mondpriesterin 11
Elfe im Mondenschein 12
Die Elfenköchin 13
Das Leben einer Mondpriesterin 14
Singende Elfen 15
Der Mond nimmt zu 16
Die Mondgöttin ist da 17
Die Elfengöttin geht 18
Der Mann im Mond? 19
Wo Elfen schlafen 20
Elfenblume 21
Elfen der Natur 22
Elfenwelt 23
Elfenchor 24
Die Weisheit der Hohepriesterin 25
Elfenträume 26
Der Traum einer Elfe 27
Die Hohepriesterin 28
Traurigkeit 29
Elfenbäckerin 30
Im Mondenglanz 31
Elfenstickereien 32
Elfen der Nacht 33
Schnell wie der Blitz 34
Die Elfenherrin 35
Weinende Elfe 36
Elfennahrung 37
Elfie 38
Kleine Geschenke 39
Nachts am Weiher 40

Die Laterne

Die Laterne leuchtet in der Nacht,
die Göttin kommt, es ist vollbracht.
Die Laterne zeigt der Göttin den Weg zum
Wald.
Es ist dunkel und kalt.
Da kommen Elfen zur Laterne geflogen,
die sind der Laterne gut gewogen.
Sie zeigen der Laterne den Weg nach Haus
und ihr Licht geht dann aus.

Sven

Elfenliebe

Eine Elfe sitzt allein im Wald
und sie hofft nun, bald –
was man ihr verspricht, sagen die Triebe –,
dass sie nun komme, ihre große Liebe.
Da kommt sie angeflogen,
die Elfe um sie herum im großen Bogen.
Nahebei sie küssen sich und bringen Frieden.
So ist es, wenn zwei Elfen sich lieben.

Musa

Wunsch einer Elfenwache

Die Elfenwache schützt das Elfenreich
vor Orcs und Tauren. Sie wird ganz
bleich.
So manche Schlacht hat sie gefochten,
mehr als alle anderen dochten.
Viele Wachen fanden den Tod,
und das bereitet ihr die Not.
Jede Elfenwache wünscht sich eines:
eine Familie gründen, das ist wirklich was
Feines.
Doch sie glaubt an Träume und Wünsche,
am liebsten Kinder von Elf Ünsche.
Dann hat sie das Beste in ihrem Leben,
eine Familie. So ist das eben.

Musa

Elfe des Glücks

Ich bin die Elfe des Glücks und fliege auf
Reise,
doch tue ich's auf meine Weise.
Ich fliege und verstreue Elfenstaub,
der mir nicht die Kräfte raubt.
Elfenstaub bringt keine Gedanken wie
Schäume,
sondern nur gute Träume.
Gute Träume bringen den Menschen Glück,
du wirst es sehen: Es kommt – Stück um
Stück.

Sven

Die Mondpriesterin

Die Mondpriesterin verteilt ihren Glauben
und das Glück,
drum weicht niemand vor ihr zurück.
Bist du verletzt, dann geh zu ihr,
sie wird Heilung bringen dir.
Sie ist eine gute Heilerin und sie heilt dich
gern.
Rufe sie, egal ob von nah oder fern.
Mit ihrem Beten zu Emun'
heilt sie dich nun.

Musa

Elfe im Mondenschein

Du siehst eine Elfe im Mondenschein,
ihre Flügel glitzern, ausgesprochen fein.
Sie singt wunderschön, tanzt und lacht,
während sie schöne Dinge macht.
Sie tanzt im Mondenlicht so hell
und entdeckt dich dort ganz schnell.
Dann verschwindet sie auf Nimmerwiederse-
hen –
und das kannst du nicht verstehen.
Aber Elfen sind sehr scheu,
sie sind ihrem Volke treu!
Wenn du schläfst, sind sie da,
das ist einfach wunderbar!
Sie beschützen dich in der Nacht,
wenn das Licht ist ausgemacht.
Sie beschützen dich in der Nacht, bist du nah
oder auch weit fort,
egal, ob hier oder dort.
Auch um die Welt zu schützen,
sind die Elfen da;
das ist so schön und wunderbar!

Musa

Die Elfenköchin

Die Elfenköchin ist wunderbar,
sie kocht so herrlich, das ist wohl klar.
Sie kocht ganz ohne Klei,
sehr leckeren Haferbrei.
Sie kocht auch Tomaten fein,
dazu tanzt sie Ringelreihn.
Erst schneidet sie alles klein,
dann füllt sie es in den Topf hinein.
Mit einem großen Löffel Sahne und Schmand,
Salz und Zucker, das rieselt ihr richtig aus
der Hand.
Pfeffer gibt Würze und er schmeckt ja so gut.
Die Elfen kommen jetzt an, es riecht ja so
gut.
Sie essen alles auf, das war klar.
Die Elfenköchin kocht einfach wunderbar.

Sven

Das Leben einer Mondpriesterin

Die Elfen glauben an ihre Göttin Emune,
doch ich bin mir sicher, das weißt du schon.
Die Mondpriesterin ist zu respektierten von allen,
ihr Glaube ist stark und er wird ihr nie entfallen.
Sie dient der Göttin Emune von Herzen,
deswegen tut es sie nie schmerzen.
Hast du Kummer, geh' zu ihr
und sie wird helfen dir.
Sie hilft dir gerne aus der Not,
verteilt Zucker, Wasser und Brot.
Sie gibt dir auch Geld, bist du in Not,
dafür kannst du dir kaufen ein schönes Brot.
Hast du Probleme, so sage es ihr;
sie wird dir zuhören, glaub es mir,
und mit Rat und Tat zur Seite stehen.
Darum musst du gar nicht flehen.
Hast du dich verletzt, gehe auch zu ihr,
mit ihrer Magie wird sie dich heilen, glaub es mir.
Ja, eine Ärztin ist sie, mit Wissen und Brauch;
so ist ihr Leben, das weißt du nun auch.

Musa

Singende Elfen

Wenn du wandern gehst in der Nacht,
hörst du Elfen singen, ganz leise und
sacht.
Sie singen in betörendem Ton;
ja, ich glaub, du weißt das schon.
Da kommen die Wasserelfen,
um den Elfen der Nacht beim Singen zu helfen.
Sie lassen Tropfen zu Tönen fallen
in den großen See – dort hörst du es hallen.
Bei dem Gesang kommt der Mond nun heraus,
und Emune klatscht freudig Applaus.
Die fallenden Tropfen schimmern wie Diamanten im Mondenlicht,
das funkelt in deinen Augen, du glaubst es
nicht.
Die Elfen singen aus längst vergangener Zeit;
das ist Teil ihrer Weisheit, denn sie sind sehr
gescheit.

Sven

Der Mond nimmt zu

Nimmt der Mond am Himmel zu,
geben die Elfen keine Ruh.
Die Göttin ist dann am Erwachen,
da beten sie und erfreuen sich schöner Sa-
chen.
Die Göttin schläft schon seit einer Woche;
sie ruht sich aus, das weiß sogar der kleine
Elf Doche.
Die Mondpriesterinnen beten zu ihrer Göttin,
dass sie Frieden bringe – zu aller Gewinn.
Wenn die erste Phase des Mondes anbricht,
wissen alle Elfen: Ihre Göttin ist bald in
Sicht.

Musa

Die Mondgöttin ist da

Der Mond ist voll, es ist vollbracht,
die Göttin der Elfen ist nun aufgewacht.
Die Priesterinnen und das gesamte Volk beten
sie an;
schon kommt ihre Göttin, das Werk ist getan.
Die Hohepriesterin empfängt sie in ihrem
Tempel des Mondes,
dort wohnt sie, und es beten alle zu ihr, denn
es lohnt sich.
Die Göttin verleiht nun ihren Elfen neuen
Glanz
und bittet sie darum alle zum Tanz.
Die Elfenfrauen tanzen so schön,
du musst es einfach sehen.
Die Göttin fliegt hinaus ganz geschwind
und verteilt Magie jetzt wie der Wind.

Sven

Die Elfengöttin geht

Der Mond wird weniger und ihr seht,
dass die Mondgöttin nun zum Schlafen geht.
Der Mond nimmt ab und ihr merkt schon bald,
die Kraft der Göttin schwindet halt.
Die Elfen aber sind jetzt voller Kraft,
denn ihre Göttin hat's geschafft:
Die Elfen fliegen nun munter umher,
bringen den Frühling,
es freut sie so sehr.
Die Göttin auf dem Mond sich schlafen legt,
denn es ist für sie schon ziemlich spät.

Musa

Der Mann im Mond?

Ihr kennt doch das Lied vom Mann im
Mond?
Nein, wirklich ist es eine Elfe, die da oben
thront.
Die Elfengöttin, nicht ein Mann ist dort oben.
Die Eltern haben ihre Kinder belogen,
denn da droben war noch nie ein Mann.
Es ist eine Elfenfrau, das sieht man ihr doch
an.
Es wohnte noch nie ein Mann im Mond.
Es ist den Elfen heilig, wer da oben wohnt:
Es ist die Göttin der Elfen,
die möcht' Kindern gerne helfen.
Schau dir das Gesicht im Mond gut an:
Es ist eine Frau, das siehst du dann.

Sven

Wo Elfen schlafen

Elfen schlafen am Tag,
denn jede Elfe die Nächte lieber mag.
Geht die Sonne am Horizont auf,
wird sie müde und gähnt wohlauf.
Elfen schlafen nicht im Bett,
sie schlafen in Blumen und werden nicht fett.
Zuerst setzen sie einen Blumensamen;
ist die Blüte da, wollen sie sich daran laben.
Sie legen sich in den Nektar rein
und ihre Haut wird ganz zart, ausgesprochen
fein.
Der Nektar verleiht den Flügeln ein Glänzen,
das nährt sie und sie tun nicht faulenzen.
Wenn die Elfe in der Blüte liegt, so geht die
zu;
sie schützt sie vor Sonnenlicht und schenkt
der Elfe Ruh.
Sie träumt friedlich ihren Traum,
teilt ihn allen mit und lässt ihnen Raum.
Sie träumt von Musik und Tanz
und verstreut dabei Elfenglanz.
Wenn die Sonne untergeht, so blüht die Blu-
me auf,
da wird die Elfe wach und freut sich nun da-
rauf.
Sie hatte einen Traum, gerade eben;
sie will den Traum mit jemandem teilen.
So ist das eben.

Musa

Elfenblume

Die Sonne geht unter, der Tag ist vorbei,
da blüht die Nachtblume auf und die Elfe
ist frei.
Ausgeschlafen ist die Elfe nun,
entfaltet ihre Flügel, will nicht mehr ruhn.
Sie fliegt los, um sich an Blüten zu laben;
Blüten schmecken gut, das müsst ihr mal ge-
kostet haben.
Sie bedankt sich bei ihrer Göttin für den herr-
lichen Schmaus –
und gegen Abend kommt angerannt eine nied-
liche Maus.
Die Elfe fragt die kleine niedliche Maus,
ob sie ginge wohl nach Haus.
Die Elfe nimmt die Maus in die Hand
und zeigt ihr den Weg durch den Sand.
Jetzt ist die Sonne am Horizont verschwun-
den,
viele Blumen blühen dennoch auf, sie sind
mit allen verbunden.
Das Elfenheer beobachtet die kleine Maus –
und siehe da: Sie ruht sich jetzt aus.
Die Elfenblumen zeigen der Maus den Weg,
denn für die Maus ist es schon recht spät.
Zu Hause ist die Maus jetzt,
sie wird nun schlafen, so ist das Naturgesetz.

Sven

Elfen der Natur

Elfen sind Wesen der Natur,
drum glaub' du an Wunder nur.
Elfen lassen alles blühen,
im Frühling, wenn die Bäume grünen.
Dank der Elfen wachsen Blumen und andere
Pflanzen,
wenn sie im Sommer allüberall tanzen.
In der Nacht sind die Elfen aktiv,
da scheint keine Sonne, drum wachsen die
Blumen schief.
Aus den Blumen werden Feen geboren,
drum breche keine Blume, die Fee wär sonst
verloren.
Nicht nur in Island gibt's Elfen und Feen;
die gibt's auf der ganzen Welt, du wirst es
sehen.
Feen beschützen die Elfen
und Elfen die Feen –
vor dem Menschen;
nur so kann es gehen.

Musa

Elfenwelt

Die Welt der Elfen ist riesengroß,
drum passt sie nicht auf deinen Schoß.
Im hohen Norden ist ein riesiges Tor,
da geht es zu den Elfen empor.
Die Welt der Elfen ist schön grün und bunt,
deshalb musst du über einen Schlund.
Bist du durch das Tor getreten,
kommst du nicht mehr zurück. So ist das
eben.
Die Elfen, über zwei Meter groß,
fragen sich: Wer ist das bloß?
Eine Priesterin kommt angeflogen.
Sie fragt dich: Was machst du hier oben?
Im Land der Elfen darfst du nicht sein;
ich bin mir sicher, du möchtest heim.
In einer dunklen Welt, wo die Elfen hausen,
gibt's für dich nichts zu schmausen.
Die Elfen kommen angeflogen;
sind sie mir wirklich gut gewogen?
Die Elfen greifen nach mir mit zarten Händen
und verstreuen Glanz; du kannst es nicht ab-
wenden.
Der Elfe violette Haut
ist ganz zart ... dass sie dich nur nicht haut.
Das Elfenreich ist gut verborgen,
besser daher, du wartest bis morgen.

Musa

Elfenchor

Glücklich sind alle Elfen halt,
der Gesang des Elfenchores durch den
Tempel schallt.
Zum Gebet singen die Elfenpriesterinnen so
laut und so klar
für ihre Göttin; es ist einfach wunderbar.
Sie singen um Frieden auf der Welt,
denn damit ist's auf der Erde schlecht be-
stellt.
Auf der Erde gibt's Krieg und Not,
dass es selbst die Elfen bedroht.
Elfen wollen Frieden schaffen
und mögen ganz und gar keine Waffen.
Die Menschen zerstören den Wald;
das ist schlimm, wissen die Elfen bald.
Die Elfen singen von der Natur,
denn Kräuter und Bäume bringen Wunder pur.
So manch ein Mensch von der Natur geheilt,
weiß er nun, wie die Natur erschallt.
Aktive Wälder brauchen wir, um Elfen zu hal-
ten; das wissen nun wir.

Sven

Die Weisheit der Hohepriesterin

Die Hohepriesterin der Elfen
kann dir bei allem wirklich helfen.
Sie weiß über alles von der Erde Bescheid –
und himmelwärts ist es nicht weit.
Brauchst du einen Rat, dann geh zu ihr hin,
sie wird dir helfen; das kommt dir dann in
den Sinn.
Sie hilft dir in allen Lebenslagen,
du musst es nur tatsächlich wagen.
Wenn du sie fragst, wird sie dir wahrhaftig
raten,
denn sie weiß alles und noch viel mehr als
das, worum wir sie baten.
Drum stelle ihr deine Frage,
ob eine gute oder sinnlose, sie legt sie nicht
auf die Waage.
Frage sie aber nicht nur zum Spaß,
das würde sie ärgern, das ist etwas, was sie
hasst.
Ärgert sie sich, so wird sie gehen
und du wirst sie nie wieder sehen.
Nutzt du sie aus, so wird sie dich meiden,
und das ist auf Dauer schlimmer als zu leiden.

Musa

Elfenträume

S chlafen die Elfen am Tag,
so haben sie Träume wie du in der Nacht.
Sie träumen nicht nur von Baum und Wald,
sie träumen auch von Feen, kühn und alt.
Sie träumen auch von Menschen sehr,
der Traum ist meistens nicht ganz leer.
Elfenträume sind wunderbar;
die Elfen teilen sie dir mit, das ist wohl wahr.
Schicken sie einen der Träume los,
so fang ihn ein, es ist famos.
Wenn Elfen schlafen, bist du wach,
denn du schläfst ja nicht am Tach.
Wenn die Sonne untergeht, bekommst du Ruh,
dann träumst du von 'nem Elfenschuh.
Wachen die Elfen auf,
schon nehmen die Träume ihren Lauf.
Hatte eine Elfe gar einen bösen Traum,
beunruhigt das den ganzen Raum.
Habe stets in deinem Zimmer
einen Traumfänger – der hilft immer.
Hab also immer einen schönen Traum,
und du wirst sehen, was passiert; du glaubst
es kaum.

Sven

Der Traum einer Elfe

Eine Elfe liegt im Tagesschlaf,
und du siehst, sie träumt auch was.
Sie träumt von Wäldern und grünen Wiesen;
die muss sie ja noch begießen.
Sie träumt von Wind und Wellen
und hört von Weitem Hunde bellen.
Im Träumen fliegt sie los –
es ist famos.
Das Elfentor passiert sie bald,
nun ist sie in der Elfenstadt; die ist ja so alt.
Sie fliegt zum Tempel hin,
nimmt den besten Weg, das macht Sinn.
Sie geht zur Hohepriesterin und Göttin;
sie ist pflichtbewusst, das wirst du sehen.
Plötzlich sieht sie im Traume:
Sie hängt ganz oben am Baume.
Es ist nicht viel geschehen,
wird sie es dennoch jemals verstehen?
Die Göttin ist hier
und sie verzeihet dir.
Sie ließ dich träumen tagsüber,
damit du wie jeder andre viel erzählen magst
darüber.

Musa

Die Hohepriesterin

Ich bin die Hohepriesterin, diene der Mond-
göttin Emun'
und helfe meinem Volke nun.
Mit Weisheit, Rat und Tat
tue ich alles – und siehe, das Glück naht.
Weise Sätze und Zitate
kommen bei mir alle auf die Karte.
Mit der Weisheit der Emun'
bringe ich das Wunder nun.
Ich bin alt und weise,
gehe aber immer noch neugierig auf Reise.
Ich bin nicht nur in meinem Tempel,
das müsst ihr wissen,
sitze nicht nur auf meinen Federkissen.
Ich lasse Wälder und Felder mit des Mondes
Licht erstrahlen;
sie helfen dem Elfenvolk aus seinen Qualen.
Ich fliege auch zu meinen Kindern; ihr werdet
es sehen.
Kinder habe ich viele; ihr werdet es verste-
hen.
Kinder zu haben ist der Elfen größtes Glück –
und die gibst du nie mehr zurück.
Stark ist die Elfenmutterliebe,
da gibt es wirklich niemals Hiebe.
Die Elfenmutter kümmert sich um ihre Kinder
sehr
und gibt sie niemals wieder her.

Musa

Traurigkeit

Ist die Elfe ziemlich traurig,
wird es doch nicht schaurig.
Da weint zwar die Elfe immerzu,
doch kommen andere Elfen und trösten sie im
Nu.
Weint eine Elfe, so weint das ganze Land;
dann regnet es, du hast es wohl erkannt.
Bei kaltem Regen
sind es die Wolken, die sich bewegen.
Ist es warmer Regen, so weint eine Elfe;
dann gehe zu ihr und helfe,
sonst ertrinkt das ganze Land.
Aber pass auf, dass sie dich nicht verbannt.
Rede mit ihr und frag nach ihrem Leid.
Helfe ihr, denn du weißt dann ja Bescheid.

Sven

Elfenbäckerin

Elfen essen gerne süße Sachen.
Da fliegen sie zur Bäckerin und holen
sich solch leckre Sachen.
Die Elfen backen gerne Kuchen.
Möchtest du nicht auch das Backen versu-
chen?
Die Elfe zeigt dir, wie das geht.
Denk dabei an die Göttin, damit man das Re-
zept auch versteht.
Mische Mehl, Butter, Milch, Eier und Zucker
gut zusammen
und du brauchst nicht mehr zu bangen.
Rühr es gut – und dann ab in den Ofen,
der steht gleich neben dem Alkoven.
Zucker und Zimt noch draufgestreut.
Das schmeckt gut. Und schau, wie jede Elfe
sich freut.

Sven

Im Mondenglanz

Der Mond scheint hell am Sternenhimmel,
die hohe Priesterin kommt mit Elfenge-
wimmel.
Die Elfen beten jetzt fürs neue Jahr,
und dabei scheint der Mond so hell und klar.
Es regnet Sternenstaub im Elfenglanz,
die Elfen bereiten sich vor für den Elfentanz.
Sie tanzen in das neue Jahr
und wünschen sich dabei alles Gute, das ist
wohl klar.
Der Tempel ist sehr schön geschmückt,
das hat die Göttin schon immer entzückt.
Die Göttin ist jetzt da
und verteilt den Segen fürs neue Jahr.

Musa

Elfenstickereien

Nachtelfen sticken gerne und viel
zur Beruhigung, das ist meist ihr Ziel,
für ihre Göttin.
Sie sticken Blumen, sogar ganze Bilder;
das macht sie ruhig, nicht wilder.
Die Elfen sticken die ganze Nacht,
dann schlafen sie friedlich. Es ist vollbracht.

Sven

Elfen der Nacht

Die Elfen sind über zwei Meter groß,
mit violetter Haut. Es ist famos.
Ihre Gesichter voller Güte und Gaben;
du musst sie nur danach fragen.
Ihre Augen leuchten hell und sind rundum mit
Tattoos verziert;
so sehen sie gut in der Nacht, damit nichts
passiert.
Sie haben auf dem Rücken schöne Schmetter-
lingsflügel,
damit fliegen sie hinauf bis auf die Hügel.
Die Elfen der Nacht sind scheue Wesen,
drum jage sie keinesfalls mit einem Besen.
Eine Elfe hat mehr Angst vor dir als du vor
ihr,
deshalb ergreift sie manchmal die Flucht,
glaub es mir.
Die Elfen sind die rätselhaftesten Wesen auf
dieser Welt;
frag aber nicht neugierig danach, wieso – das
ist alles, was zählt.

Musa

Schnell wie der Blitz

Eine Elfe fliegt schnell wie der Blitz
nach Haus zu ihrem Kind. Das ist kein
Witz.
Sie fliegt so schnell sie kann.
Hat man ihrem Kind etwa was angetan?
Sie ist nun endlich da,
und das junge Elfenkind schreit *hurra*!
Mama, ich habe Hunger, sagt das Kind froh
und die Mama kocht was. Oho.
Ihr Kind hatte Hunger
und die Mutter war schnell
zur Stell.

Sven

Die Elfenherrin

Der Obersten der Elfen
brauchst du nicht helfen.
Sie ist Millionen Jahre alt.
Ja, so ist es halt.
Sie ist fast vier Meter groß.
Ja, da passt du locker auf ihren Schoß.
Sie hat langes grünes Haar,
sehr seidig und weich; ganz wunderbar.
Ihre hell leuchtenden Augen strahlen wie ein
funkelnder Diamant.
Nichts entgeht ihr, nicht mal etwas in fremder
Hand.
Zumeist gehüllt in ein natürliches Kleid –
nackt ist sie meist.
Sie ist voller Güte, anmutig und schön.
Sie ist nicht Königin noch Kaiserin,
sondern die Hohepriesterin.
Sie ist voller Hingabe für ihre Göttin, die
oben im Monde wohnt
und höher als der Himmel thront.
Beten tun die Elfen stets fleißig
und putzen ihren Tempel mit Reisig.

Musa

Weinende Elfe

Die Elfe sitzt weinend oben auf dem Berg.
Hatte sie eine Begegnung mit einem bö-
sen Zwerg?
Sie schluchzt und Tränen kullern ihr aus den
Augen;
das kannst du mir glauben.
Der Zwerg tat der Elfe weh,
da ist sogar violettes Blut im See.
Andere Elfen haben den Zwerg gestellt.
Eine Elfe zu verletzen, das ist das Schlimmste
auf der Welt.
Der Zwerg hatte Spaß daran
und hat der Elfe einfach so was angetan.
Die Elfenpriesterin heilte die Elfe fein
und verwandelte den Zwerg in Stein.

Sven

Elfennahrung

Ihr fragt: Was essen Elfen?
Da kann ich euch helfen.
Wir Elfen essen kein Fleisch, das ist wohl
klar – und das ist wunderbar.
Wir essen Beeren und Früchte, Obst und Ge-
müse;
das ist gesund und das gibt es auch bei euch
in der Kombüse.
Fleisch essen wir nicht;
dafür müssten Tiere sterben,
aber das wollen wir nicht.
Wir essen auch gerne Pilze,
doch von euch ... keiner willse.
Marone mit Fliegenpilz, das schmeckt fein,
kommt bei uns in die Suppe rein.
Hallimasch mit Schnittlauch
kommt in unsern Bauch.
Nicht Pilze wir Elfen vertragen
so wie ihr, doch ihr müsst es nicht wagen.
Mais mit Möhre und Erbse, das ist das Le-
ckerste auf der Welt.
Es schmeckt mit Kräutern gut.
Drum, liebe Menschenkinder, habt Mut.
Obst und Gemüse ist lecker,
aber auch wir gehen öfters mal zum Elfen-
bäcker.
All dies Essen schmeckt so gut,
drum habt Mut. Ihr müsst mal alles probieren;
es wird euch schmecken und ihr werdet nichts
verlieren.

Sven

Elfie

Elfe Elfie fliegt durch den Wald,
es ist Winter und sehr kalt.
Elfe Elfie fliegt hin und her;
sucht sie was? Es ist so schwer.
Hat Elfie was verloren
und sucht jetzt danach, ganz unverfroren?
Elfie weiß auf einmal nicht, wie ihr ge-
schieht,
als sie plötzlich ihre Göttin sieht.
Die Göttin hat jemanden dabei;
es ist Elfies Freundin Elfa – und nun sind sie
wieder zwei.
Elfie und Elfa sind unzertrennlich
und ihre Liebe währet unendlich.

Musa

Kleine Geschenke

Elfen mögen gern Dinge verschenken,
mehr, als alle anderen denken.
Gaben an andere Elfen oder Menschen,
da können sich alle was wünschen.
Elfen sind aber keine Feen der Wünsche,
sie schenken dir zum Beispiel auch warme
Strümpfe.
Ist es kalt, schenken sie dir Feuer und Wärme,
damit es warm wird um dein Herz und die
Gedärme.
Leidest du Hungersnot,
so schenken sie dir Brot.
Sind einige Wünsche erfüllt,
sind die Elfen zufrieden und du bist umhüllt.

Musa

Nachts am Weiher

Es strahlt der Weiher im Mondenglanz,
dahin gehen die Elfen gerne zum Elfen-
tanz.
Viele Elfen sind gekommen
und sind dem Weiher wohlgesonnen.
Sie baden sich vor dem Tanz;
der Weiher freut sich, denn jetzt gibt's Elfen-
glanz.
Viele Fische schwimmen umher,
die Elfen freut es umso mehr.
Frisch gebadet sind sie jetzt;
die Flügel trocknen – darum geht es jetzt.
Sie schwimmen an Land,
denn da gibt's kein' Sand.
Sie schlagen ihre Flügel in Richtung Weiher,
da wirbelt herum der Elfenstaub zu einem
richtigen Schleier.
Die tanzen jetzt um des Weihers Freud,
und der Weiher hat es nicht bereut.

Sven

leicht zu lesenden Kurzgeschichten – sie regen
auch zum Nachdenken an – sind für Leser ab 12
Jahren geeignet.
Sven Icy Kuschmitz will in unauffälliger pädago-
gischer Absicht und leisen Tönen mit ganz be-
sonderen Verhaltensweisen und Lebensgefühlen
jenseits der Norm vertraut machen. Er führt den
Lesern aber auch viel Bekanntes aus ihrem eige-
nen Leben vor Augen, beabsichtigt sie vorzube-
reiten auf neue, vielleicht unerwartete Situatio-
nen, um ihre Urteilsfähigkeit zu stärken.

tredition Hamburg, 2013

Ein Erdbeben im Altenburger Land. Ein tiefer Spalt. Ein Unfall ... Zelda, Arthur und Pascal, Studenten der Geologie, finden sich auf Nox wieder. Werden sie je auf die Erde zurückkehren?
Neue Eindrücke und Begegnungen mit fremdartigen Wesen nehmen ihre Aufmerksamkeit in Anspruch. Im Lande Schadanimo begeben sie sich mit der Katzenfrau Sally auf eine abenteuerliche Reise auf der Suche nach dem Portstein, um mit diesem heimzukommen. Da kann nur Königin Hecuba im Land Vive weiterhelfen, zu deren

Burg die vier nach langer Wanderschaft gelangen. Damit aber der Portstein funktioniert, sind erst allerlei Dinge zu besorgen: Straußeneierschale, Spinnenblut ... Auf oft gefahrvolle Weise meistern sie diese Aufgaben. Ein Zaubertrank ermöglicht jetzt die Weiterreise mit diesem Portstein. Statt zurück nach Schadanimo befördert der die Freunde aber stets woandershin. Wo sie auch landen, treffen sie auf scheußliche Kreaturen, nette Elfen, Klagegeister, Feen, neue Freunde. Die Feen verbessern den Stein – und nun funktioniert er, auch dank Zeldas magischen Fähigkeiten, wie gewünscht. Sie landen wieder im Dorf von Sally. Der Autor verliert sich gern in eine andere Welt – eine bessere, wie er meint, das ist Nox, seine Wunschwelt. Was immer ihm auf seinen Ausflügen dorthin begegnet, findet Eingang in seine Erzählungen.

tredition Hamburg, 2015